Christian Maywurm

Aus der Reihe: e-fellows.net stipendiaten-wissen

e-fellows.net (Hrsg.)

Band 57

Simulation eines Orderbuches

A java program

GRIN - Verlag für akademische Texte

Der GRIN Verlag mit Sitz in München hat sich seit der Gründung im Jahr 1998 auf die Veröffentlichung akademischer Texte spezialisiert.

Die Verlagswebseite www.grin.com ist für Studenten, Hochschullehrer und andere Akademiker die ideale Plattform, ihre Fachtexte, Studienarbeiten, Abschlussarbeiten oder Dissertationen einem breiten Publikum zu präsentieren.

Christian Maywurm

Aus der Reihe: e-fellows.net stipendiaten-wissen

e-fellows.net (Hrsg.)

Band 57

Simulation eines Orderbuches

A java program

GRIN Verlag

Bibliografische Information der Deutschen Nationalbibliothek: Die Deutsche Bibliothek
verzeichnet diese Publikation in der Deutschen Nationalbibliografie; detaillierte bibliografische Daten sind im Internet über http://dnb.d-nb.de/ abrufbar.

1. Auflage 2011
Copyright © 2011 GRIN Verlag
http://www.grin.com/
Druck und Bindung: Books on Demand GmbH, Norderstedt Germany
ISBN 978-3-640-94770-6

Simulation eines Orderbuches

Bachelorarbeit

von Christian Maywurm

Universität zu Köln

Studiengang Wirtschaftsmathematik

Januar 2011

Inhaltsverzeichnis

1 Einleitung

Orderbücher sind im Börsenalltag unabdingbar, sie zeigen aktuelle Kauf- und Verkaufs-aufträge der jeweiligen Aktie und bestimmen den aktuellen Aktienkurs.

Ziel dieser Arbeit ist die Vorstellung der Demonstrationsversion eines Orderbuches als (denkbarer) Handelsmechanismus an der Börse, welcher eingehende Kauf- bzw. Verkaufsaufträge für eine Aktie entgegennimmt und verarbeitet. Dies wird in Kapitel 2 geleistet.

1.1 Funktionsweise eines Orderbuches

Ein Orderbuch ist eine Gegenüberstellung von auf dem Markt verfügbaren Kauf- und Verkaufsaufträgen für ein bestimmtes Wertpapier, z.B. die Aktie der Volkswagen AG an der Deutsche Börse. Wir werden uns auf die Funktionsweise des offenen Orderbuches beschränken, welches für alle Handelsteilnehmer sichtbar ist. Hier ein Beispiel eines vereinfachten Orderbuches aus [Pie10] :

Figur 1.1

Buy-Orders		Sell-Orders	
Quantity	Price	Price	Quantity
10 000	99	102	15 000
14 000	98	105	9 000
5 500	95	106	3 500
3 000	90	110	4 000
5 000	80	115	3 000

Die linke Seite, auch **Geld-Seite** genannt, zeigt die Kaufaufträge und kann als Angebot des Wertpapiers auf dem Markt interpretiert werden. Wenn ein Wertpapier verkauft werden soll, so stellt [Pie10] fest, dass dies die relevante Seite des Orderbuches ist. Die rechte Seite wird auch **Brief-Seite** genannt und führt die Verkaufsaufträge, welche als gesamte Nachfrage der Marktteilnehmer gesehen werden können. Die Brief-Seite ist bei Kauf-Absichten entscheidend.

Der Kaufpreis dieses Orderbuches liegt bei 99, der Verkaufspreis bei 102 – das macht einen Gleichgewichtspreis (Mittel von Kauf- und Verkaufspreis) von 100.5. Auf der Geld-Seite

beschreiben die angegebenen Preise obere Limits für den jeweiligen Kaufauftrag, auf der Brief-Seite geben sie untere Limits für die Verkaufsaufträge.

Geht nun ein Kaufauftrag über 18 000 Stück ohne Limitierung ein (d.h. „Bestens"), entspricht dies im Orderbuch den besten Verkaufsaufträgen, in unserem Fall 15 000 zu 102 und 3 000 zu 105. Diese Verkaufsaufträge werden dann aus dem Orderbuch herausgenommen. Analog passt eine Verkaufsorder über 15 000 Stück ohne Limit-Angabe zu den besten Kaufaufträgen, hier 10 000 zu 99 und 5000 zu 98.

Liegt bei einer **eingehenden Verkaufsorder** für 8 000 Stück das gewünschte Limit nun bei 98, d.h. unter dem Preislimit der besten Kauforder, stehen dem die besten Kauforders gegenüber, in unserem Beispiel 8000 zu 99. Beläuft sich jedoch der Verkaufsauftrag anstatt auf 8 000 auf 25 000, entspricht dies den 10 000 Stück zu 99 und 14 000 zu 98. Diese Transaktion über 24 000 wird dann ausgeführt und die verbleibenden 1 000 mit Preislimit 98 auf der Brief-Seite in der Liste der ausstehenden Verkaufsaufträge eingetragen. Ist das angegebene Limit nun größer als das der besten Kauforder, wird die Verkaufsorder auf der Brief-Seite neu eingereiht, wobei die aufsteigende Ordnung der Limitpreise beibehalten wird.

Analoges gilt in umgekehrter Weise für **ankommende Kaufaufträge**. Wird dort ein Limit gesetzt, welches größer als das des besten Verkaufsauftrages ist, kommt es zu einer direkten Transaktion. So würde ein Kaufauftrag über 5 000 Stück mit Preislimit 105 direkt ausgeführt werden; ein solcher mit Preislimit 95 würde zu der vorhandenen Auftragsmenge von 5 500 hinzugerechnet werden.

Zusammenfassend werden Aufträge also ausgeführt wenn einem Auftrag ein solcher auf der gegenüberliegenden Seite in Menge und Limit entspricht („Matching"). Ist dies der Fall, so verschwinden die zusammenpassenden Aufträge gemäß [BF10] aus dem Buch. Bei der beschriebenen Funktionsweise ist außerdem zu betonen, dass der aktuell zuletzt ausgeführte Auftrag dem aktuellen Kurs der zu Grunde liegenden Aktie entspricht. Auf diese Erkenntnis greifen wir in Kapitel 2 bei der Ausführung der Orderbuch-Simulation zurück. Folgende Grafik veranschaulicht die Funktionsweise eines Orderbuches:

Figur 1.2

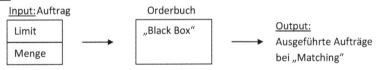

6

1.2 Mathematische Beschreibung

Zur mathematischen Beschreibung des Orderbuches ist es von Nutzen, Dichten für die Limit-Aufträge einzuführen. Sei in diesem Sinne $d_S(P)$ die Dichte der Verkaufsaufträge und $d_B(P)$ die Dichte der Kaufaufträge zum Preis P, wobei $S \geq B$ die jeweils besten Preislimits der Verkaufs- bzw. Kaufaufträge sind. Die Menge an Kaufaufträgen in einem Intervall $[P, P+dP)$ sei gegeben durch $d_B(P)(P+dP)$. Es gilt nach [OW05]:

$$d_S(P) = \begin{cases} \geq 0, & P \geq S \\ 0, & P < S \end{cases} \quad \text{und} \quad d_B(P) = \begin{cases} 0, & P > B \\ \geq 0, & P \leq B. \end{cases}$$

Weiter definieren [OW05] $V = (S+B)/2$ sowie $s = S - B$, wobei V der Gleichgewichtspreis (im Beispiel aus Abschnitt 1.1 beträgt dieser 100.5) und s die sogenannte „bid-ask spread", die Spanne zwischen besten Verkaufs- und Kaufpreis, ist. Greifen wir auf unser Beispiel aus vorigem Paragraphen zurück, haben wir s = 3 und es gilt:

$d_B(98) = 14\,000$, die Menge der Kaufaufträge mit Preislimit 98,

$d_D(95)(100) = 29\,500$, die Menge der Kaufaufträge im Intervall [95, 100),

$d_B(96) = d_B(100) = 0$, d.h. es gibt keinen Kaufauftrag zu den Limits 96 bzw. 100.

Analoges gilt für die Verkaufsaufträge.

Setzt man im Gegensatz zu dem Orderbuch – Beispiel voraus, dass die Dichten stetig sind, kann man folgendermaßen die Kosten C einer Transaktion bestimmen:

Es beschreibe x die jeweilige Auftragsmenge und x_t die Auftragsmenge zum Zeitpunkt t. Dann gilt für die Kosten einer Transaktion nach [OW05]:

$$C(x_t) = \int_0^{x_t} P_t(x)dx, \quad \text{wobei die Preisfunktion } P_t(x) \text{ definiert ist durch}$$

$$x = \int_S^{P_t(x)} d_S(P)dP \quad \text{für einen Verkaufsauftrag sowie}$$

$$x = \int_{P_t(x)}^B d_B(P)dP \quad \text{bei einem Kaufauftrag.}$$

d.h. als obere bzw. untere Grenze des Integrals (welches eine bestimmte Auftragsmenge x beschreibt) über die Dichte der Verkaufs- bzw. Kaufaufträge. Die Lösung der Preisfunktion geht über das Thema dieser Arbeit hinaus und wird deshalb hier nicht genauer behandelt.

2   Demoversion Orderbuch

Das der Arbeit zu Grunde liegende Java-Programm zur Modellierung eines Orderbuches nutzt einen zufällig erzeugten Ausgangszustand mit randomisierten Auftragsmengen zu randomisierten Limitpreisen. Beim Starten der Simulation erscheint ein Grafikfenster, welches diesen Zustand anzeigt. Durch Betätigen der Buttons **Buy** bzw. **Sell** können Aufträge eingegeben werden, wobei jeweils Aktienmenge und gewünschtes Kurslimit abgefragt werden. Darüber hinaus können bereits abgegebene Aufträge - falls noch nicht ausgeführt, d.h. noch im Orderbuch stehend - über die Buttons **Remove Buy** bzw. **Remove Sell** wieder storniert werden. Nach Eingabe des gewünschten (positiven wie auch negativen) Kauf- bzw. Verkaufsauftrages wird (wie in der Realität auch) um Bestätigung gebeten, wobei der potentielle Auftrag über den im Orderbuch stehenden Kauf- bzw. Verkaufsauftragslisten angezeigt wird. Bei Abbruch des Auftrages verschwindet diese Vorschau wieder, bei Bestätigung wird sie zum zuletzt geäußerten Auftrag, bleibt unter „Your latest Order" stehen und wird je nach eingelesenem Limit entweder direkt ausgeführt oder in die jeweilige Liste eingeordnet. Einzelheiten zur Visualisierung des Orderbuches folgen in Abschnitt 2.2.

Das Simulationsprogramm wird hier in Pseudo-Code, angelehnt an den originalen Java-Code, welcher auf beigelegter CD zu finden ist, vorgestellt. Kommentare, die die Algorithmen erklärend begleiten, sind in grüner Farbe dargestellt und werden mittels „//" eingeleitet.

2.1   Umsetzung des Orderbuches

Die hauptsächliche Klasse des Programms, d.h. der Kern der Demoversion des Orderbuches, ist die Klasse **Orderbook**. Sie erbt von ihrer Superklasse **GUI**, die dann für die grafische Ausgabe des sich mit eingegebenen Aufträgen ändernden Orderbuches sorgt.

In Java kann über die vorgefertigte und importierte Klasse **JOptionPane** die gewünschte Menge und das eventuell gewünschte Limit abgefragt werden. Kernmethoden sind *buy* und *sell*, die die eingegebenen Aufträge abwickeln und weitere Methoden zum Entfernen bzw. Eintragen der Aufträge aufrufen. *buyRemove* und *sellRemove*, die in Abschnitt 2.1.3 näher beleuchtet werden, stehen für das Entfernen von bereits abgegebenen, aber noch nicht ausgeführten Aufträgen zur Verfügung. Nach Eingabe eines Auftrages wird durch Aufruf eines Kommandofensters um Bestätigung gebeten.

Die Verwaltung der Aufträge geschieht im Java-Programm durch die Klasse Entry, die die Parameter Menge, Preislimit und Transaktionsnummer besitzt. Neu eingetragene Aufträge sind Objekte dieser Klasse und werden wie später beschrieben je nach Typ des Auftrags in Kauf- bzw. Verkaufsauftragsliste eingeordnet.

Folgende Figur veranschaulicht die Realisierung des Orderbuches und macht zusätzlich zu Figur 1.1 die Tiefe des Orderbuches (Definition s.u.), d.h. die Anzahl der Aufträge zu einem bestimmten Limit, deutlich.

Figur 2

Buy Orders

			B_{12}	B_{11}	B_{10}
				B_{21}	B_{20}
			B_{32}	B_{31}	B_{30}
	B_{43}	B_{42}	B_{41}	B_{40}	
	B_{53}	B_{52}	B_{51}	B_{50}	

Sell Orders

S_{10}	S_{11}	S_{12}		
S_{20}	S_{21}			
S_{30}	S_{31}	S_{32}	S_{33}	S_{34}
S_{40}	S_{41}			

Erläuterung: B_{i0} (hier $i = 1, \ldots, 5$) sowie S_{i0} (hier $i = 1, \ldots, 4$) beschreiben die Preislimits der Kauf- bzw. Verkaufsaufträge, die horizontal sich anschließenden B_{ij} bzw. S_{ij} mit $j > 0$ geben die Mengen der verschiedenen Aufträge zum Limit B_{i0} bzw. S_{i0} an. Jedem dieser B_{ij} bzw. S_{ij} wird eine Transaktionsnummer zugewiesen, um einen eventuell später gewünschten Zugriff zu gewährleisten.

Definition 2.1: *In der Folge sei $b \geq 0$ die Länge der Preislimit-Folge B_{i0}, d.h. $i - 1, \ldots, b$, und $s \geq 0$ solche der Preislimit-Folge S_{k0}, d.h. $k = 1, \ldots, s$.*

Definition 2.2: *Für festes i sei Anzahl der Kaufaufträge zum Limit B_{i0} $x(i)$, die Anzahl der Verkaufsaufträge zum Limit S_{k0} sei $y(k)$, k fest.*

Definition 2.3: *$T(B_{ij})$, $i = 1, \ldots, b$, $j = 1, \ldots, x(i)$ bezeichne die Transaktionsnummer der Kaufauftragsmenge B_{ij} zum Limit B_{i0}. $T(S_{ij})$ ist analog definiert (hier nur $j = 1, \ldots, y(i)$).*

In obiger Figur können wir, wenn wir uns die fehlenden Felder als Nullen vorstellen, eine Matrixform erkennen. Zur Umsetzung empfiehlt es sich jedoch in vielen Programmsprachen, Listen einzusetzen, da diese besser auf das sich ständig ändernde Orderbuch reagieren und ihre Länge dynamisch anpassen können. So benutzt verwendet das der Arbeit zu Grunde liegende Java-Programm 2 (doppelt-verkettete) Listen zum Eintragen der Orderbuchaufträge des Typs **Entry**; Elemente der beiden Listen sind wiederum Listen, die alle Aufträge zu einem betrachteten Preislimit beinhalten.

Wir bezeichnen weiter

   barMax

als die im Laufe des Programms je nach größter vorhandener Auftragsmenge anzupassende maximale Balkenlänge,

   orderAmount ,   (zu Anfang gleich Null)

der Zähler für die gesamte Anzahl der eingetragenen Aufträge, welcher als Transaktionsnummer in der Klasse Entry (s.o.) benutzt wird,

   latestOrder,

der Speicher für letzte eingegebene Order mit Auftragsmenge, Limitpreis und Typ (Buy/Remove Buy bzw. Sell/Remove Sell) sowie

lastTrans,

der Preis der aktuell zuletzt ausgeführten Transaktion; Anfangswert ist der Gleichgewichtspreis des Orderbuches (vgl. Abschnitt 1.1).

Der Ausgangszustand des Orderbuches wird in der Simulation mittels *createInitialState* zufällig erzeugt und in Kaufauftragsliste (Buy Orders) bzw. Verkaufsauftragsliste (Sell Orders) gespeichert. Sei hierzu U_{int} eine ganzzahlig und $U_{\Re}$ eine reell-wertig gleichverteilte Zufallsvariable.

Algorithmus createInitialState

```
// Wir erzeugen jeweils 4 - 12 zufällige Listeneinträge.
// Kaufaufträge:
Z ~ U_int[4, 12]        // zufällige Anzahl von Aufträgen
Für i = 0, .... , Z:
        orderAmount = orderAmount + 1      // Anzahl der Aufträge erhöhen
        X ~ U_int[1, 8000]      // ganze Zufallszahl zwischen 1 und 8000:
                                // Auftragsmenge
        Y ~ U_Re [95, 99.9]     // reelle Zufallszahl zwischen 95 und 99.9: Limit
        insertBuyOrder(X, Y)    // insertBuyOrder wird weiter unten beschrieben
// Verkaufsaufträge:
T ~ U_int[4, 12]        // zufällige Anzahl von Aufträgen
Für i = 0, .... , T:
        orderAmount = orderAmount + 1      // Anzahl der Aufträge erhöhen
        R ~ U_int[1, 8000]      // ganze Zufallszahl zwischen 1 und 8000:
                                // Auftragsmenge
        S ~ U_Re [100, 104.9]   // reelle Zufallszahl zwischen 100 und 104.9: Limit
        insertSellOrder(R, S)   // Ausführung insertSellOrder s.u.
```

Bemerkung: *Die hier vorgestellten Algorithmen sind namensgleich zu denen ihrer Umsetzung im Simulationsprogramm.*

2.1.1 Eintragen und Entfernen von Aufträgen

Die in diesem Abschnitt dargelegten Erläuterungen des Java-Programm-Codes aus der Orderbook-Klasse setzen das um, was in der Einleitung in Abschnitt 1.1 zur Funktionsweise eines Orderbuches erläutert wurde. Dazu werden wir in den weiteren Ausführungen folgendes Orderbuch – Beispiel der Figur 2.1 verwenden:

Beispiel 2.1

Buy Orders			Sell Orders				

	200	100	60		61	540	300		
		30	59		62	60			
	60	50	58		63	430	50	370	20
870	320	40	57		64	820			
960	140	70	56						

Zunächst stellen wir die beiden Methoden zum Einfügen von Kauf - bzw. Verkaufsaufträgen vor, welche in den weiter oben bereits angesprochenen Methoden *buy* und *sell* aufgerufen werden. Im betrachteten Fall können die eingehenden Aufträge nicht direkt ausgeführt werden und ein Eintrag ins Orderbuch ist notwendig.

1) Einfügen der Kaufaufträge gemäß des angegebenen Limits

Wir betrachten Figur 1.2 mit Limit 58.5 und Auftragsmenge 300 sowie die Geld-Seite des Orderbuches.

Beispiel 2.2

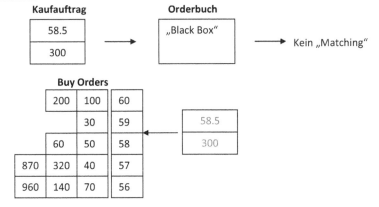

Aktualisierte Kaufauftragsliste des Orderbuches:

	200	100	60
		30	59
		300	58.5
	60	50	58
870	320	40	57
960	140	70	56

Die allgemeine Vorgehensweise wird in folgendem Algorithmus verdeutlicht (vgl. Figur 2.1).

Zur Erinnerung: b beschreibt die Länge von *Buy Orders* (d.h. die Länge der Preislimit-Folge B_{i0}, i = 1, …. , b), s diejenige von *Sell Orders* (d.h. die Länge der Preislimit-Folge S_{k0}, k = 1, …. , s). Diese beiden Bezeichnungen werden in der Folge immer wieder benutzt.

Algorithmus *insertBuyOrder(m, l)*

```
Input: Auftragsmenge m, Preislimit l
Start: i = 1
Falls Buy Orders nicht leer:
        Solange Position noch nicht gefunden:
                Betrachte B_ij , j = 1, …. , x(i)    // x(i): Anzahl der Aufträge zum Limit B_i0
                Falls l = B_i0:
                        // Eintrag mit gleichem Limit vorhanden …
                        Setze B_i, x(i)+1 = m, T(B_i, x(i)+1) = orderAmount
                        Position gefunden.    // Abbruchbedingung
                Falls l > B_i0:
                        // … neue Einfügeposition gefunden
                        Für k = i, …. , b:  k = k + 1    // Verschiebe Indices
                        Setze B_i0 = l, B_i1 = m
                        T(B_i1) = orderAmount
                        Position gefunden.    // Abbruchbedingung
                i = i+1    // gehe zu nächstem Eintrag
        // Sind wir am Ende der Liste angekommen und die Einfügeposition ist
        // noch nicht gefunden, besitzt die einzutragende Kauforder niedrigstes
        // aktuelles Limit und wird am Ende der Liste eingetragen
        Falls i = b und Position noch nicht gefunden:
                Setze B_b+1, 0 = l, B_b+1, 1 = m
                T(B_b+1,1) = orderAmount
Andernfalls:
        // Wenn die Kaufauftragsliste leer ist, neuen Auftrag an die Spitze setzen
        Setze B_10 = l, B_11 = m
        T(B_11) = orderAmount
```

2) Einfügen der Verkaufsaufträge gemäß des angegebenen Limits

Beispiel 2.1 funktioniert in analoger Weise für das Eintragen von Verkaufsaufträgen auf der Brief-Seite, nur dass die Preislimit-Folge nicht in absteigender Reihenfolge, sondern aufsteigend durchgegangen wird. Der Algorithmus im Pseudo-Code orientiert sich wieder am originalen Java Code.

Algorithmus *insertSellOrder(m, l)*

Input: Auftragsmenge m, Preislimit l
Start: i = 1
Falls Sell Orders nicht leer:
    Solange Position noch nicht gefunden:
        Betrachte S_{ij} , j = 1, ... , y(i)   // y(i): Anzahl der Aufträge zum Limit B_{i0}
        Falls l = S_{i0}:
               // Eintrag mit gleichem Limit vorhanden ...
               Setze $S_{i, x(i)+1}$ = m, $T(S_{i, x(i)+1})$ = *orderAmount*
               Position gefunden.   // Abbruchbedingung
        Falls l < S_{i0}:
               // ... neue Einfugeposition gefunden
               Für k = i, ... , s: k = k + 1   // Verschiebe Indices
               Setze S_{i0} = l, S_{i1} = m
               $T(S_{i1})$ = *oderAmount*
               Position gefunden   // Abbruchbedingung
        i = i+1 // gehe zu nächstem Eintrag
    // Sind wir am Ende der Liste angekommen und die Einfügeposition ist
    // noch nicht gefunden, besitzt die einzutragende Kauforder niedrigstes
    // aktuelles Limit und wird am Ende der Liste eingetragen
    Falls i = s und Position noch nicht gefunden:
        Setze $S_{b+1, 0}$ = l, $S_{b+1, 1}$ = m
        $T(S_{b+1,1})$ = *orderAmount*
Andernfalls:
    // Wenn die Kaufauftragsliste leer ist, neuen Auftrag an die Spitze setzen
    Setze S_{10} = l, S_{11} = m
    $T(S_{11})$ = *orderAmount*

Nun werden wir 2 Algorithmen kennenlernen, die für das Entfernen von Kauf- bzw. Verkaufsaufträgen bei „Matching" (siehe Abschnitt 1.1) zuständig sind und wie *insertBuyOrder* und *insertSellOrder* in denen im Abschnitt 2.1.2 näher beleuchteten Algorithmen *buy* bzw. *sell* aktiviert werden.

3) Entfernen von zu einer Kauforder passenden Verkaufsorder(s)

Algorithmus *removeSellOrders(m, l)*

Input: m: Auftragsmenge, l: Limitpreis

Solange m > 0:

    // Prüfen ob Limit noch kleiner oder gleich dem aktuell an

    // erster Stelle stehenden Verkaufsauftrag; diese Abfrage

    // erst ab 2.Schleifendurchlauf von Bedeutung

    Falls l $\geq$ S_{10} und Sell Orders nicht leer:

        Betrachte S_{1j}, j = 1, ... , y(1) // y(1): Anzahl der Aufträge zum Limit S_{10}

        Falls m < S_{11}: // ... keine Teilausführung notwendig:

            $S_{11} = S_{11} - m$

            lastTrans = S_{10} // Update des Aktienpreises

            Setze m = 0 // Abbruchbedingung: Auftrag ausgeführt

        Andernfalls: // ... weitere Teilausführung nötig

            m -= S_{11}

            lastTrans = S_{10} // Update des Aktienpreises

            Lösche S_{11}

            Für j = 1, ... , y(1): j = j – 1 // Verschiebe Indices

            // Liste herausnehmen wenn zu betrachtetem Limit keine

            // Aufträge mehr vorhanden

            Falls y(1) = 0

                Lösche S_{10}

                Für i = 1, ... , s: i = i - 1

    Andernfalls:

        // Wenn kein passender Verkaufsauftrag mehr im Orderbuch

        // steht, wird die restliche Menge auf der "Geld"-Seite eingefügt

        Falls l = ∞:

            // bei 'Bestens' ausgeführter Order: Auftrag mit bestem

            // vorhandenem Limit eintragen

            Betrachte B_{1j}, j = 1, ... ,x(1) // x(1): Anzahl Aufträge zum Limit B_{10}

            Setze $B_{1, x(1)+1}$ = m, T($B_{1, x(1)+1}$) = *orderAmount*

            Setze m = 0 // Auftrag eingetragen

        Andernfalls:

            Betrachte nun B_{ij}, i = 1, ... , b; j = 0, ... , x(i)

            Für i = 1, ... , b: Setze i = i + 1

            Setze B_{10} = l, B_{11} = m

            T(B_{11}) = *orderAmount*

            Setze m = 0 // Abbruchbedingung: Auftrag eingetragen

---

Folgendes Beispiel soll den obigen Algorithmus veranschaulichen:

Beispiel 2.3

Wir wenden *removeSellOrders(1000, 61.5)* auf das Orderbuch aus Beispiel 2.1 an, d.h. wir betrachten die Verarbeitung eines Kaufauftrages mit Menge 1000 zum Limit 61.5. Es kommt zum „Matching", wobei die zu diesem Auftrag passenden Auftragsmengen im Orderbuch hier rot markiert sind.

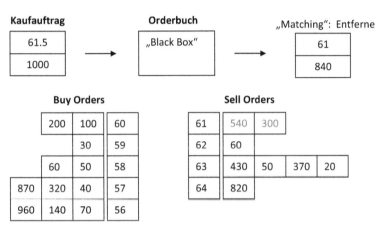

Die Gesamtauftragsmenge von 840 zum Limit $S_{00} = 61$ wird herausgenommen, das Limit $S_{10} = 62$ ist allerdings schon zu groß, so dass die restliche Menge in die Kaufauftragsliste an erster Stelle eingetragen wird. Das aktualisierte Orderbuch sieht dann folgendermaßen aus:

BuyOrders

870	320	40	57		
				160	61.5
	200	100	60		
		30	59		
	60	50	58		
870	320	40	57		
960	140	70	56		

Sell Orders

62	60			
63	430	50	370	20
64	820			

In ähnlicher Weise können die in Paragraph 1.1 besprochenen verschiedenen Auftrags-Variationen dargestellt werden.

4) Entfernen von zu einer Verkaufsorder passenden Kauforder(s)

Das Entfernen von Kaufaufträgen läuft analog zu 3) und Beispiel 2.3, außer dass die Preislimit-Folge B_{i0} nicht in aufsteigender, sondern in absteigender Reihenfolge durchwandert wird, bis das eingegebene Limit ggf. größer als der betrachtete Eintrag B_{i0} ist. Es folgt der zugehörige Algorithmus:

Algorithmus *removeBuyOrders(m, l)*

Input: m: Auftragsmenge, l: Limitpreis

Solange m > 0:

// Prüfen ob Limit noch größerer oder gleich dem aktuell an

// erster Stelle stehenden Kaufauftrag; diese Abfrage

// erst ab 2.Schleifendurchlauf von Bedeutung

Falls $l \leq S_{10}$ und Buy Orders nicht leer:

Betrachte B_{1j}, j = 1, ... , x(1)

// x(1): Anzahl der Aufträge zum Limit B_{10}

Falls $m < B_{11}$: // ... keine Teilausführung notwendig:

$B_{11} = B_{11}$ - m

lastTrans = B_{10} // Update des Aktienpreises

Setze m = 0   // Abbruchbedingung: Auftrag ausgeführt

Andernfalls: // ... weitere Teilausführung nötig

m -= B_{11}

lastTrans = B_{10} // Update des Aktienpreises

Lösche B_{11}

Für j = 1, ... , x(1): j = j – 1   // Verschiebe Indices

// Liste herausnehmen wenn zu betrachtetem Limit keine

// Aufträge mehr vorhanden

Falls x(1) = 0

Lösche B_{10}

Für i = 1, ... , b: i = i – 1

Andernfalls:

// Wenn kein passender Kaufauftrag mehr im Orderbuch steht,

// wird die restliche Menge auf der "Brief"-Seite eingefügt

Falls l = -∞ :

// bei 'Bestens' ausgeführter Order: Auftrag mit bestem

// vorhandenem Limit eintragen

Betrachte S_{1j}, j = 1, ... , y(1)

// y(1): Anzahl Aufträge zum Limit B_{10}

Setze $S_{1, y(1)+1}$ = m, $T(S_{1, y(1)+1})$ = *orderAmount*

Setze m = 0   // Auftrag eingetragen

Andernfalls:

Betrachte nun S_{ij}, i = 1, ... , s; j = 0, ... , y(i)

Für i = 1, ... , s: Setze i = i + 1

Setze S_{10} = l, S_{11} = m

$T(S_{11})$ = orderAmount

Setze m = 0   // Abbruchbedingung: Auftrag eingetragen

2.1.2 Verarbeitung eingehender Aufträge

Nun sind wir so weit, die in der Einleitung des Abschnittes 2.1 erwähnten Algorithmen zum Abhandeln von Kauf- bzw. Verkaufsorders vorstellen zu können, welche bei Betätigen des Buy- bzw. Sell-Buttons aufgerufen werden. Sie sorgen für die Abwicklung von durch den Benutzer eingegebener Aufträge durch Aufrufen der im vorigen Abschnitt besprochenen 4 Algorithmen.

Algorithmus *buy(m)*

> *Input:*   *m*: die durch den Benutzer eingegebene Auftragsmenge.
>
>   Soll oberes Limit für Kauforder gesetzt werden?
>
>   Falls ja: Frage nach gewünschtem Limit. Sei dieses Limit *l*.
>
>   *orderAmount = orderAmount + 1*
>
>   Speichere den Kaufauftrag in *latestOrder* (vgl. Paragraph 2.1).
>
>   Gebe Transaktionsnummer (*orderAmount*) für eventuellen späteren Zugriff an.
>
>   // Nun Abfrage ob entsprechende Verkaufsorder im
>
>   // Orderbook steht.
>
>   Falls $l \geq S_{00}$: *removeSellOrders(m, l)*
>
>   // ... d.h. Verkaufsorder(s) herausnehmen
>
>   Andernfalls: *insertBuyOrder(m, l)*
>
>   // ... d.h. Eintrag in Kauforder-Liste
>
>   Andernfalls:
>
>   *orderAmount = orderAmount + 1*
>
>   Speichere den Auftrag in *latestOrder*.
>
>   Gebe Transaktionsnummer für eventuellen späteren Zugriff an.
>
>   // Herausnehmen der besten vorhandenen Verkaufsorders:
>
>   *removeSellOrders(m, ∞)*

Die Vorgehensweise bei einem ankommenden Verkaufsauftrag ist analog zu jener bei der Abwicklung eines Kaufauftrages:

Algorithmus *sell(m)*

> *Input:*   *m*: die durch den Benutzer eingegebene Auftragsmenge.
>
>   Soll oberes Limit für Kauforder gesetzt werden?
>
>   Falls ja: Frage nach gewünschtem Limit. Sei dieses Limit l.
>
>   *orderAmount = orderAmount + 1*
>
>   Speichere den Auftrag in *latestOrder* (vgl. Paragraph 2.1).
>
>   Gebe Transaktionsnummer (*orderAmount*) für eventuellen späteren Zugriff an.
>
>   ....

....
// Nun Abfrage ob entsprechende Kauforder im
// Orderbook steht.
Falls l ≤ B_{00}: removeBuyOrders(m, l)
                // ... d.h. Kauforder(s) herausnehmen
Andernfalls: insertSellOrder(m, l)
                // ... d.h. Eintrag in Verkaufsorder-Liste
Andernfalls:
    orderAmount = orderAmount + 1
    Speichere den Auftrag in *latestOrder.*
    Gebe Transaktionsnummer für eventuellen späteren Zugriff an.
    // Herausnehmen der besten vorhandenen Kauforders:
    removeBuyOrders(m, $-\infty$)

2.1.3 Auftrags - Stornierung

Abschließend werfen wir im Abschnitt 2.1 noch einen Blick auf 2 Methoden zum Entfernen bereits abgegebener Aufträge. Dieses „Rückgängigmachen" ist möglich, falls die Aufträge noch nicht komplett ausgeführt worden sind, d.h. noch komplett bzw. teilweise im Orderbuch stehen. Der Benutzer wird angewiesen, die ihm ausgestellte Transaktionsnummer für seinen Auftrag anzugeben.

1) Entfernen bereits eingetragener Kaufaufträge

Algorithmus *buyRemove(transCode)*

Input: *transCode*: die vom Benutzer eingegebene Transaktionsnummer.
Start: i = 1   // Index zum Durchgehen der Kaufauftragsliste
          // Solange die zu löschenden Position noch nicht gefunden...
          Solange Position noch nicht gefunden und j < b
              Betrachte B_{ij} , j = 1, ... , x(i)
              Für j = 1, ... , x(i):
                  Falls $T(B_{ij})$ = *transCode*:
                      // Zur Anzeige der zu löschenden Order im
                      // Grafikfenster ...
                      Speichere die zu löschende Order in *latestOrder.*
                      Lösche B_{ij}
                      Position gefunden.
                      Falls nun x(i) = 0:
                      ...

```
                        ...
                        Lösche B_{i0}
                        Für i = 1, .... , b:  i = i – 1
        i=i+1    // gehe zu nächstem Limit
Falls Position noch immer nicht gefunden:
        Gebe Fehlermeldung.  // Entweder Ungültige Transaktionsnummer
                             // oder Auftrag bereits ausgeführt / gelöscht
```

2) Entfernen bereits eingetragener Verkaufsaufträge (analog zu 1))

Algorithmus *sellRemove(transCode)*

```
Input:   transCode:  die vom Benutzer eingegebene Transaktionsnummer.
Start:   i = 1    // Index zum Durchgehen der Kaufauftragsliste
         Solange Position noch nicht gefunden und  j < s
                 Betrachte S_{ij} , j = 1, .... , y(i)
                 Für j = 1, .... , y(i):
                         Falls T(S_{ij}) = transCode:
                                 // Zur Anzeige der zu löschenden Order im
                                 // Grafikfenster ...
                                 Speichere die zu löschende Order in latestOrder.
                                 Lösche S_{ij}
                                 Position gefunden.
                                 Falls nun y(i) = 0:
                                         Lösche S_{i0}
                                         Für i = 1, .... , s:  i = i – 1
                 i=i+1    // gehe zu nächstem Limit
         Falls Position noch immer nicht gefunden:
                 Gebe Fehlermeldung.// Entweder Ungültige Transaktionsnummer
                                     // oder Auftrag bereits ausgeführt / gelöscht
```

2.2 Visualisierung

Die grafische Darstellung des Orderbuches im Java – Programm geschieht über die Klasse **GUI**, dessen Pseudo-Code-Darstellung der originalen Java-Version im Anhang A zu finden ist. Sie ist übergeordnete Klasse (sogenannte Superklasse) der Klasse **Orderbook**, die in Abschnitt 2.1 behandelt wurde und die eingegebenen Aufträge ausführt. GUI erbt wiederum von der Klasse **JFrame** und implementiert die Interfaces **ActionListener** sowie **Runnable**. JFrame ermöglicht die Ausgabe des grafischen Fensters, welches das Orderbuch beschreibt, ActionListener wird zur Verarbeitung von Aktionen, in unserem Fall Kauf oder Verkauf, benötigt und Runnable sorgt für die ständig aktualisierte Ausgabe des Orderbuches. Dabei verarbeitet die Methode *actionPerformed* die Aktivierung der Buttons.

GUI enthält weiterhin die abstrakten Methoden *buy*, *sell* sowie *render*, die aus der untergeordneten Orderbook – Klasse aufgerufen werden. Darüber hinaus ist die Methode *renderAll*, welche vom Interface Runnable ständig ausgeführt wird, für die Darstellung der Orderbuch – Daten im grafischen Fenster verantwortlich. Der zu gegebenem Zeitpunkt zuletzt ausgeführte Auftrag, der in Kapitel 2.1 in *lastTrans* gespeichert wurde, ist als aktueller Aktienkurs ganz oben im Fenster unter „Current stock price" dargestellt.

Im erwähnten Grafikfenster dieser Demoversion können die besten 15 Kauf- und Verkaufslimits angezeigt werden; weitere Eingaben werden zwar nicht dargeboten, sind aber intern gespeichert und werden bei Verkürzung der Listen wieder angezeigt. Es wird davon ausgegangen, dass korrekte Eingaben gemacht werden. Wird bei der Abfrage nach Menge und Preislimit beispielsweise keine Zahl eingegeben, wird die Transaktion abgebrochen.

Die Balkendarstellung der Auftragsmengen wird durch die Methoden *drawRect* sowie *fillRect* der vorgefertigten Java-Klasse Graphics möglich. Zu Anfang entspricht die maximale Balkenlänge der größten Auftragsmenge des zufällig erzeugten Anfangszustandes, d.h. ein Balken ist immer vollständig gefüllt. Überschreiten im Laufe der Simulation Auftragsmengen die aktuell maximal anzeigbare Auftragsmenge, so wird der maximale Balkenwert entsprechend höher gesetzt. Liegt die aktuell größte Auftragsmenge zu einem Limitpreis unter der maximalen Balkenauslastung, so wird die maximale Balkenlänge jedoch erst wieder auf die größte vorhandene Auftragsmenge gesetzt, wenn diese 50 % der maximal anzeigbaren Menge unterschreitet, bei einer maximalen Balkenlänge für 15000 also ab 7499 Stück. Der Balken zu diesem größten Auftrag ist dann wieder vollständig gefüllt. Um sich überhaupt auf die Balkenfüllung auszuwirken, müssen Auftragsmengen mindestens 1 % der höchsten Auslastung darstellen.

Die Methode *render* aus der Klasse Orderbook ist für die ständige Aktualisierung des Orderbuches sowie dessen Ausgabe verantwortlich und wird von der grafischen Klasse GUI aus aufgerufen. Der Pseudo-Code von *render* ist im Anhang B beigelegt.

Da es mehrere Aufträge zu einem bestimmten Preislimit geben kann, kommen wir ohne eine Methode zur Bestimmung der gesamten Auftragsmenge zu dem betrachteten Preislimit nicht aus. In der Simulation geschieht dies durch die Methode *getAmount*, welche wiederum zum Ermitteln der maximalen Balkenlänge gemäß eben erläuterter Vorgehensweise benötigt

wird. Die Methode *maxOrderAmount*, welche in *render* (siehe Anhang B) aus Orderbook aufgerufen wird, setzt diese Bestimmung der maximalen Balkenlänge im Java-Code um. Der kleine Algorithmus zu *getAmount* wird hier beispielhaft für die Kaufaufträge dargelegt, für Verkaufsaufträge funktioniert das Ganze völlig analog.

Algorithmus *getAmount(B_{ij})*

```
Input:  B_ij      // Aufträge zum Limit B_i0
Start:  amount = 0
        Für j = 1, .... , x(i):
                // Bilde Summe aller Einträge zum betrachtetem Preis
                amount+=B_ij
Output: amount
```

Algorithmus *maxOrderAmount*

```
Start:  max = 0
        // aktuell maximale Auftragsmenge ermitteln ...
        Für i = 1, .... , b:
                Falls getAmount(B_ij) > max:
                        max = getAmount(B_ij)
        Für i =1, .... , s:
                Falls getAmount(S_ij) > max
                        max = S_ij
        // maximale Balkenlänge nur anpassen, wenn die neue maximale
        // Auftragsmenge über der bisherigen liegt oder diese um mehr
        // als die Hälfte unterschreitet
        Falls max > barMax oder max < 0.5 * barMax
                barMax = max
Output: barMax       // Rückgabe der evtl. veränderten maximalen
                     // Balkenauslastung
```

3 Orderbuch an der Börse

An der Börse können mit Hilfe des Orderbuches Prognosen über zukünftige Entwicklungen des Aktienkurses gemacht werden. An Hand von Schaubeispielen aus [BK10] werden wir dies veranschaulichen.

Figur 3.1 (Trend nach oben)

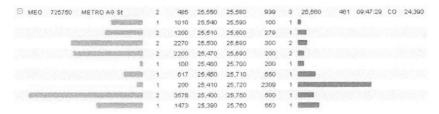

Obiges Beispiel suggeriert einen **Trend nach oben**, es zeigt mehr Kaufaufträge auf der Geld-Seite. Dies impliziert, dass die Kaufinteressenten abhängig von einkommenden Verkaufsaufträgen sind, dessen Auftragsgeber somit den Preis und damit das Kursniveau nach oben drücken können. Sollte das Kaufinteresse nicht so dringend sein, gibt es gemäß [BK10] genügend Kaufaufträge, die entsprechenden Verkaufsaufträgen entgegenstehen und somit den Aktienkurs nach unten absichern. Erst bei 25.72 € ist im Beispiel ein größerer Verkaufsauftrag, welcher diesen Trend nach oben abbremsen könnte; der Verkaufs-interessent möchte seine Aktien loswerden und sollte ihm dies nicht gelingen, ist er gedrängt seine Limitierung nach unten zu verschieben.

Sind nun mehr Verkaufsaufträge als Kaufaufträge im Orderbuch, gewinnt letzterer Punkt überhand und es wird vermehrt Druck auf die Verkäufer ausgeübt, ihre Limitierung nach unten zu setzen und somit einen **Trend nach unten** auszulösen. [BK10] stellt hier fest, dass in Figur 3.2 die größeren Verkaufsaufträge bei 7,90 € und 8,20 € Hindernisse auf dem Weg nach oben darstellen. Abgesehen davon steht dem großen Verkaufsdruck kein entsprechendes Angebot auf der Geldseite gegenüber, die die Aktie nach unten auffangen könnte. Falls keine neuen Kaufanträge ankommen, sind die Verkaufsinteressenten gezwungen, den potentiellen Käufern entgegen zu kommen und der Preis der Aktie fällt.

Figur 3.2 (Trend nach unten)

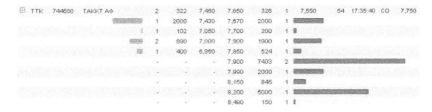

Unser letztes Beispiel aus [BK10] zeigt ein ausgeglichenes Orderbuch, welches keine eindeutigen Prognosen über den zukünftigen Verlauf der betrachteten Aktie zulässt.

<u>Figur 3.3</u> (ausgeglichenes Orderbuch)

☐	BAS	515100	BASF SE		1	200	22,920	22,940	6020	2	22,930	2163	09:37:06	CO 22,680
					7	4307	22,910	22,950	2900	2				
					5	5478	22,900	22,960	4408	1				
					1	750	22,870	22,970	1200	1				
					1	3000	22,860	22,980	3200	2				
					1	1200	22,850	23,000	2000	1				
					1	1000	22,830	23,010	534	1				
					2	2400	22,820	23,020	5718	2				
					2	6009	22,800	23,030	4000	2				
					1	1000	22,780	23,040	1108	1				

4 Zusammenfassung

Durch die oben zurechtgelegten Ausführungen ist das Ziel dieser Arbeit, die Simulation eines Orderbuches, erfüllt worden. Darüber hinaus haben wir die Bedeutung des Orderbuches für Prognose-Möglichkeiten an der Börse an Hand von Schaubeispielen gesehen.

Das Simulationsprogramm beinhaltet 3 Klassen: Die Klasse Entry verwaltet die im Orderbuch stehenden Aufträge, die GUI-Klasse dient der grafischen Ausgabe des Orderbuches und die Hauptklasse Orderbook ist für die Abwicklung der Aufträge verantwortlich. Der originale Java-Code ist der Arbeit auf CD beigelegt.

Die erarbeitete Simulation dient als Demonstrationsversion und soll als Grundlage für weiterführende Arbeiten im Themenbereich Orderbuch dienen. Zum Beispiel könnte das Programm ohne die grafische Ausgabe (Abschnitt 2.2) als Black-Box verwendet werden, in die als Input Aufträge mittels stochastischer Modelle einfließen und der jeweils aktualisierte Aktienpreis als Output herauskommt.

Anhang

A) Die Java – Klasse GUI

*Pseudo-Code des Programm-Codes der Java Klasse **GUI** zur grafischen Ausgabe:*

```
class GUI {
        // Handwerkszeug zur grafischen Ausgabe
        Frame frame                   // das Fenster, welches GUI von der Klasse JFrame erbt
        BufferedImage buffer          // Zwischenspeicherbild
        Graphics bufferedGraphics     // Darstellung der Grafik
        Panel display                 // Panel zum Bearbeiten
        Button buy, sell, buyRemove, sellRemove   // Buttons zum Kaufen und Verkaufen
                                                  //  von Aktien
        // Konstruktor: Hier wird unser Fenster als Arbeitsfläche erzeugt
        GUI(title, width, height) {          // width = Breite, height = Höhe des Fensters
                super(title)     // Erzeugen des Fensters mit Titel "title" in JFrame
                frame.setSize(width, height)
                frame.setResizable(false)        // Absichern, dass Größe des Fensters nicht
                                                 // verändert werden kann
                // Beenden des Programms bei Schließen des Fensters
                frame.setDefaultCloseOperation(EXIT_ON_CLOSE)
                Panel buttons = new Panel()        // Buttons als neue Oberfläche
                // Initialisierung und Benennung der Buttons
                buy = new Button("Buy")
                sell = new Button("Sell")
                buyRemove = new Button("Remove Buy Order")
                sellRemove = new Button("Remove Sell Order")
                // Füge Buttons der neu erzeugten Oberfläche (Panel) hinzu ...
                buttons.add(buy)
                buttons.add(sell)
                buttons.add(buyRemove)
                buttons.add(sellRemove)
                display = new Panel()
                // Position des Displays und der Buttons festlegen
                frame.add(display, CENTER)
                frame.add(buttons, SOUTH)
                frame.setLocation(0, 0)
                frame.setVisible(true)           // JFrame Fenster sichtbar machen
```

```
        buffer = new BufferedImage(width, height, BufferImage.TYPE)
        // Starte den Zeichenprozess mittels Thread unter Benutzung des Interfaces
        // Runnable; verantwortlich für ständige Aktualisierung des Orderbuches
        // durch Aufrufen der Methode 'render'
        new Thread(frame).start()
}


// Methode zum Bemalen der GUI-Grafik
renderAll() {
        // Initalisiere grafisches Fenster ...
        bufferedGraphics = buffer.getGraphics()
        width = buffer.getWidth()
        height = buffer.getHeight()
        // Male Buffer zunächst weiß ...
        bufferedGraphics.setColor(white)
        bufferedGraphics.fillRect(0, 0, width, height)
        // Übergabe des erzeugten Fensters an 'render'
        render(bufferedGraphics)
        // Male nun das aktuell zwischengespeicherte und durch 'render'
        // erzeugte Bild auf die grafische Oberfläche
        display.getGraphics().drawImage(buffer, 0, 0)    // (0,0) ist Position, an der
        // Speicher der Grafik leeren:                     // Erzeugung des Bildes ansetzt
        bufferedGraphics.disposeMemory()
}


// Methode aus ActionListener zum Erkennen der Eingaben
actionPerformed(Action e) {
        // Abfragen des gedrückten Buttons
        Button pressed = e.getSource()
        // Aufrufen der Methoden aus Klasse Orderbook
        if (pressed = buy) {
                rufe buy() auf
        }
        if (pressed = sell) {
                rufe sell() auf
        }
        if (pressed = buyRemove) {
                rufe buyRemove() auf
        }
        if (pressed = sellRemove) {
                rufe sellRemove() auf
        }
```

```
}
```
// Aufrufen der Methoden aus erbender Klasse Orderbook. "abstract" bedeutet hier,
// dass die Benutzung dieser Methoden aus der Klasse Orderbook möglich ist.
```
abstract render(Graphics bufferedGraphics)
abstract sell()
abstract buy()
abstract buyRemove()
abstract sellRemove()


// Methode des Interfaces Runnable
run() {
        // ständiges Aktualisieren des Fensters
        while (frame.isRunning()) {    // solange das Fenster offen ...
                rufe renderAll() auf
                try {
                        Thread.sleep(50)     // gibt den aktualisierten Stand des
                                             // Orderbooks alle 50 Millisekunden aus
                } catch (InterruptedException e) {
                }
        }
}
}       // end class
```

B) Zur grafischen Ausgabe

*Pseudo-Code der Methode **render(Graphics g)** aus der Java-Klasse Orderbook:*

```
render(Graphics g) {   // Die Grafik g wird nun bemalt ...
        // Zeige zuletzt beabsichtigte bzw. ausgeführte Transaktion an:
        g.setColor(blue)
        g.drawString("Current stock price:  " + lastTrans, 295, 35)
        g.drawString("Your latest Order:", 150, 65)
        // Abfrage ob gewünschte Auftragsmenge maximale Balkenlänge überschreitet
        if(latestOrder.getAmount() >maxOrderAmount()){
                barMax=latestOrder.getAmount()
        }
        // Falls letzter Auftrag vorhanden und nicht verworfen ...
        if (latestOrder not empty)) {
                if (latestOrder.getType() = "Buy" || latestOrder.getType() = "Remove Buy") {
                        g.setColor(green)
                }
```

```
        if (latestOrder.getType() = "Sell" || latestOrder.getType() = "Remove Sell") {
            g.setColor(red)
        }
        // potentiellen bzw. ausgeführten Kauf/Verkauf anzeigen …
        // … und dabei Position an Typ der anzuzeigenden Order anpassen:
        g.drawString(latestOrder.getType(), 295 – 4 latestOrder.getType().length, 65)
        g.drawString("at " + latestOrder.getLimit(), 540, 65)
        g.fillRect(330, 53, latestOrder.getAmont() / barMax), 12)
        g.setColor(black)
        g.drawRect(330, 53, 200, 12)
        g.drawString(latestOrder.getAmount(), 333, 64)
}

// Male das Orderbuch auf die Oberfläche
g.setColor(black)
g.drawString("Buy-Orders", 170, 65)
g.drawString("Sell-Orders", 490, 65)
g.drawString("Quantity", 80, 90)
g.drawString("Price", 295, 90)
g.drawString( "Quantity", 400, 90)
g.drawString( "Price", 620, 90)

// Ausgabe der Kauforders
for (i = 0  to  buyOrders.size(){
        g.setColor(black)
        g.drawString("", 17, 140 + i · 20)
        g.drawString("" + buyOrders.get(i).getLimit(), 295, 140 + i · 20)
        buy = getAmount(buyOrders.get(i))
        g.setColor(green)
        // prozentuales Füllen der Balken …
        g.fillRect(80, 130 + i · 20, 200 buy / barMax, 12)
        g.setColor(black)
        g.drawRect(80, 130 + i · 20, 200, 12)
        g.drawString(buy + "", 83, 141 + i · 20)
}
// Ausgabe der Verkaufsorders
for (i = 0  to  sellOrders.size()){
        g.setColor(black)
        g.drawString("", 17, 140 + i · 20)
        g.drawString("" + sellOrders.get(i).getLimit(), 620, 140 + i · 20)
        sell = getAmount(sellOrders.get(i))
```

```
                g.setColor(red)
                // prozentuales Füllen der Balken ...
                g.fillRect(400, 130 + i20, 200 sell / barMax, 12)
                g.setColor(black)
                g.drawRect(400, 130 + i· 20, 200, 12)
                g.drawString(sell + "", 403, 141 + i· 20)
        }
}
```

Literaturverzeichnis

[BF10]   Börse Frankfurt, *Das offene Xetra-Orderbuch*, Stand: 2010. URL:
         http://www.boerse-frankfurt.de/DE/index.aspx?pageID=44&NewsID=859,
         zugegriffen am 22. November 2010.

[KS08]   Krüger, G., Stark, T., *Handbuch der Java-Programmierung*, Stand: 6. November
         2008, URL: www.javabuch.de (abgerufen am 13. November 2010).

[OW05]   Obizhaeva, A., Wang, J., *Optimal Trading Strategy and Supply/Demand Dynamics*,
         AFA 2006 Boston Meetings Paper, Stand: Februar 2005. URL:
         http://ssrn.com/abstract=686168 (abgerufen am 18. November 2010).

[Pie10] Pietersz, G., *Moneyterms*, Stand: 2010. URL:
         http://moneyterms.co.uk/order_book/ (abgerufen am 15. November 2010).

www.ingramcontent.com/pod-product-compliance
Lightning Source LLC
LaVergne TN
LVHW092351060326
832902LV00008B/965